수직으로 서다

박병금 시집

수직으로 서다

초판1쇄 발행 2023년 10월 30일

지은이 박병금
펴낸이 이길안
펴낸곳 세종출판사

주소 부산광역시 중구 흑교로 71번길 12 (보수동2가)
전화 463-5898, 253-2213~5
팩스 248-4880
전자우편 sjpl5898@daum.net
출판등록 제02-01-96

ISBN 979-11-5979-628-9 03810

정가 12,000원

이 책은 저작권법에 따라 보호받는 저작물이므로 무단전재와
무단복제를 금지하며, 이 책 내용의 전부 또는 일부 내용을 재사용하려면
사전에 저작권자와 세종출판사의 동의를 받아야 합니다.
* 잘못된 책은 교환해 드립니다.

수직으로 서다

박병금 시집

세종출판사

시인의 말

특별하지 않은
보통의 하루하루 일상을 모아
네 번째 시집으로 엮는다
좀 팍팍한 삶일지라도
가끔은 고개 들어 파란 하늘을
볼 줄 아는 여유로움으로
세상과 소통하려고 노력한다
내 시의 원천은 유년기의 텃밭이다
아리게 배곯던 시절
양달에 가면 먹거리 풍성한
살아있는 자연의 그리움이었다
맑고 깨끗한 기억을 떠올리면
선명하게 펼쳐지는 그때 그 풍경
늘 마르지 않는 샘물처럼
마음의 텃밭 녹슬지 않고 정갈하게
오래도록 가꾸어 나가려 한다.

2023년 여름 자택에서 박병금

차례

시인의 말 • 5

제1부

개망초꽃 ____ 13
가을 하늘 ____ 14
산길 ____ 15
가벼워라 ____ 16
봄이 오는 소리 ____ 17
하늘을 나는 새도 비행을 멈추곤 한다 ____ 18
민들레 ____ 19
풍경소리 ____ 20
아침 이슬 ____ 21
조팝나무꽃 ____ 22
가을, 그리고 ____ 23
영축산의 가을 ____ 24
봉숭아 ____ 25
동백꽃 보러 갔다가 ____ 26
능선길 걸으며 ____ 27
여름 소리 ____ 28
낙화, 그리고 ____ 29
부용대에서 ____ 30

제2부

내 고향 그곳 ___ 33
늦가을 밤 ___ 34
밥심 ___ 35
그때 흐르던 물빛은 ___ 36
해질녘에 그리운 ___ 37
할미꽃 ___ 38
침입자 ___ 40
차꽃 ___ 41
새참 ___ 42
그 집 ___ 43
매화꽃이 피었네 ___ 44
눈 오는 날 ___ 45
회억 ___ 46
연어는 물살 거슬러 고향으로 간다지 ___ 47
나락 두지 ___ 48
가지 꽃이 피었어요 ___ 49
토란국 냄새에 하루해는 저물고 ___ 50

제3부

새해 새날 ____ 53
시 낭송을 배우다 ____ 54
비문증 ____ 55
너도풍란 ____ 56
묵란 ____ 57
내일은 맑음 ____ 58
아가야 ____ 59
고사리 ____ 60
진표 첫돌에 ____ 61
세수를 하며 ____ 62
퇴임 이후 ____ 63
백내장 수술 후 ____ 64
코로나 팬데믹 ____ 65
고뿔 ____ 66
병실의 아침 ____ 67
남편의 전화기 ____ 68
사진첩을 정리하며 ____ 69

제4부

가덕대구 맛보러 오이소예 ___ 73
남한산성 가는 길 ___ 74
외양포 ___ 75
로즈메리 정원 ___ 76
그때 그곳 ___ 77
홀로족에 대한 단상斷想 ___ 78
개발제한구역 ___ 79
가을, 삼만 원 ___ 80
대동 나루터 ___ 82
대저도 ___ 83
숭어들이 ___ 84
삶의 유통기한 ___ 85
수직으로 서다 ___ 86
설 단상斷想 ___ 87
금파정터 ___ 88
천성진 ___ 90
겨울 폭포 ___ 91

제5부

통도사에서 ___ 95
통도사 점심 공양 ___ 96
서운암 들꽃축제 ___ 98
통도 계곡 ___ 99
후포리에서 ___ 100
산달도 ___ 101
장사도의 봄 ___ 102
양떼목장에서 ___ 103
설악산을 오르다 ___ 104
기행시 · 1 – 진시황의 무덤을 보며 ___ 105
기행시 · 2 – 캐나다 속 작은 프랑스, 퀘벡 ___ 106
기행시 · 3 – 자유로운 영혼, 뉴욕 그리니치빌리지 ___ 107
기행시 · 4 – 잠들지 않는 광장, 맨해튼 타임스 스퀘어 ___ 108
기행시 · 5 – 나이아가라 폭포 ___ 109
기행시 · 6 – 스페인, 고대도시 톨레도 ___ 110
기행시 · 7 – 포르투갈, 대륙의 끝 까보다로까 ___ 111
기행시 · 8 – 베트남, 국제 항구도시 호이안 ___ 112
기행시 · 9 – 비엔티안 소금 마을 콕사앗 ___ 113

|해설| 일상 삶 속 자아반추反芻와
고향으로의 심적 회귀본능 • 박병일 ___ 115

제1부

개망초꽃

초여름
박새 떼 초록 잎 들치며
포로롱 대는
앞산 기슭에
양손 가득 햇살 담아
다소곳이
피어나는 별 무리다
해거름 녘 산 그림자
깊숙이 몸을 뉘이면
밤새 소곤소곤
하루 일상
은하수 타래로 엮어
아침이면 산등성이 하나쯤
거뜬히 넘겠다

가을 하늘

넓은 우주 공간에
점 하나인 듯
내가 가볍네
한도 끝도 없이 깊고 넓은 하늘
바람은 쉴 새 없이 비질해
티 하나 없는 파아란
맑음으로 내려앉는다
사방으로 열려 있는 중심
고개 들어 보면
소실점 없는 우주로
내가 빨려 들어가고 있네
깊고도 먼 가을 길
작은 새 한 마리
온몸으로 받쳐 들고 가네

산길

이른 아침
산길을 걷나니
사뿐사뿐 내 발걸음 소리에
이슬 젖은 풀잎
단잠에서 깨어나는 소리
결 고운 바람
밤새 작은 짐승들이
지나간 흔적을 지우고
새로운 하루를 열며
적정량의 햇볕과 바람이
미루나무 끝에서
소박한 하루를 꿈꾸며
가벼운 마음으로
내게 아침 인사 건넨다

가벼워라

벚꽃 잎
하르르 내리는
둑방길 걷는데
귀밑머리 하얘지는
내 머리 위로
꽃잎 하나 살포시 앉았다가
휙 날아간다
잠시 앉았다 떠났을 뿐인데
지끈하던 머릿속이
하, 맑아진다

봄이 오는 소리

붉은 덩굴장미 수다가
새소리처럼 청아하다
세상 구석구석 초록 물결 와 닿는
파릇한 봄물이 나를 깨우고
잠자던 도시를 깨우면
초경 치르는 소녀와 같이
신비로운 생명의 아우성을 듣는다
연록의 부드러운 물결 위로
산새가 울고
산자고 가녀린 잎새 위로
여린 바람이 불면
조곤조곤 햇살이 귀를 간지럽힌다
하늘을 닮은 별꽃 무리
매서운 꽃샘추위에도
봄을 선각하며
바윗돌을 헤집고
우주에 발 내딛는 소리소리
내 안에도 봄이다

하늘을 나는 새도 비행을 멈추곤 한다

사방천지 신록이 파릇파릇
산 목련 솜털에서 눈뜨는 5월은
초록 사태 지는 날이다
덩굴손 넘지 못할 벽은 없다
오르지 못할 나무는 없다
땅의 경계를 허물고
담장의 경계를 허물고
지붕을 타고 올라올라 회색빛
도시를 조금씩 지워 나간다
곡우 바람 지나고
따스한 햇볕 온 누리에 닿으면
연록에서 진록의 당당함으로
살뜰히 남은 여백까지 조각모음 하는
초록 사태 지는 날에는
하늘을 날던 새도 가만히
비행을 멈추곤 한다

민들레

떠돌다
앉은자리
정붙이면 고향이라

차가움 남아있는
돌 틈새 고개 숙여

살며시
양손 모으고
꿈을 엮는 숨소리

풍경소리

파란 호수처럼
깊은 하늘에
물고기 한 마리
무한 세월
제 몸 부딪혀
안으로 안으로
번뇌 삼키는
하얀 파도와 같이
작은 몸으로
허공중을 휘어잡는
큰 울림의 소리
땡그랑 땡그랑
가만히 눈 감으면
부덕한 나를
깨우는 듯한
마음의 빗장 여는 소리

아침 이슬

아침 숲길 걸으며
발걸음마다 촉촉이
발목을 적셔오는 이슬

사슴달팽이와 나비
살아있는 숲속의 온갖 미물들
먹고 살아가는
생명수이기도 합니다

작은 물방울 하나에
씨줄과 날줄
온 세상을 다 담고서도
무겁다 말하지 않습니다

햇빛에 반짝했다 사라지고 마는
짧아서 간절한 찰나의 순간
밤새 신이 빚어낸 걸작입니다

조팝나무꽃

바람이 머무는 능선마다
하얀 조팝나무꽃 일렁입니다
멀리서 보면
흔들흔들 갓 돌 지나
몸을 가누지 못하는 아기처럼
바람에 휘청거립니다
어느 유생댁의 과년한 딸 같은
여리고 순수한 마음이 이랬을까요?
세상으로부터 마음 다친 사람들
그 아픔까지 다독여 줄듯
하얀 마음 오라고 오라고 손짓합니다
가까이서 보면
허기져 마음 에인 사람들
그 배고픔까지 호 호
고봉밥으로 채워 줄듯
따뜻한 마음 한가득합니다

가을, 그리고

용광로 같은 열기
작은 이슬방울이 삼켜버렸나
키가 커진 하늘에
오소소 바람이 분다

햇빛 아래 일렬횡대로 선
상수리나무는
올 한해 제 할 일 다 했다는 듯
다람쥐에게 도토리를 내어주고
까치독사는 동면 전
제 몸보다 큰 먹이를 삼킨 후
바위 위에 똬리 틀고 앉아
햇빛을 충전 중이다

충전하고 소진하고
다시 충전하는 가을 산에서
내밀히 살아 꿈틀거리는
지구의 숨소리를 듣는다

영축산의 가을

바람이 없어도
나뭇잎 우수수 떨어진다
빨강 파랑 노랑
절정의 순간들
다 내려놓고 무심행
한때 무성했던 여름날의 초록
부질없는 허무의 시간을 남기고
홀로 번뇌하는 가슴앓이
인연은 만들수록
아픔은 산처럼 높아지거늘
파란 하늘 두둥실 흰 구름은
본시 없었던 것처럼
저만치서 사바를 내려다보네
영축산 노송 가지마다
소슬바람 사뿐사뿐
태곳적 풍경처럼
가을이 곱게 내려앉는다

봉숭아

울고 싶은 아이처럼
한마디만 건네면
펑 펑 펑
금세 터질 것 같은 생존법이
그들만의 방식인가 보다
가까이 가면
모둠발 모으고서
숨죽여 때를 기다리다
살짝만 건드려도 동시다발
까만 눈동자 데굴 데굴데굴
바람은 무조건 살아남으라며
나뭇잎 보자기로 따뜻이 감싸
멀리멀리 띄워 보낸다

동백꽃 보러 갔다가

동백꽃 구경하러 갔다가
진록의 잎새 뒤
자그맣게 무리 지어 흔들리는
가녀린 냉이꽃을 보았습니다
누구 한 사람 눈길 주지 않는
후미지고 척박한 땅에 피어
사람들은 꽃의 존재조차
알지 못하는가 봅니다
세상은 소리 내지 않는
다수의 그들로 인하여
온전히 자리를 지켜내듯
화려함으로 존재감을 드러내는
동백꽃에 굴하지 않고
바람결에 보란 듯 몸을 흔드는
작고 희미한 하얀 냉이 꽃
나는 자꾸 냉이 꽃에 눈길이 갑니다

능선길 걸으며

굽이 흘러내린
산행 길을 뒤돌아보면
내 지나온 삶같이 굴곡진
길이 아스라이 눈에 밟힌다
나선형 휘돌아 가는 능선 길
나는 스쳐 지나는 바람이었고
이름 없는 별이었다
가는 길의 끝이 어디쯤인지
가늠조차 할 수 없는
겹겹 깊은 산줄기
순례자의 마음으로
또 한 걸음 내디디며
바람 편에 보낸 시간을
차곡차곡 나이테로
지구별의 추억을 쌓는다

여름 소리

한여름 따가운 햇볕에도
공손히 엎드려
반 백일을 면벽 기도로
질팍했던 삶 견뎌왔으니
어느 별에 닿은들 빛나지 않으랴

땅속에서 참고 기다리며
이슬방울로 연명한 세월
폭우에 날개 젖어 가슴 먹먹하여도
햇볕에 등껍질이 하얗게 탈색되어도
애타게 짝을 부르는 소리

고달픈 삶의 무게
질척이는 빗물을 털어내고
간신히 공명으로 울리는 소리
곧 열반의 세계가 보일듯한 소실점에서
맴맴~ 매애~ 앰

낙화, 그리고

겨우내 지친 마음
봄바람 따라 한껏 풀어놓는
가벼운 춤사위
구름인 듯 땅 위에서 둥둥
쉬 멈추지 않는 발걸음
눈 꽃송이로 포근히 내려앉는다
바람과 맞서 때로는
아프다 아프다고
맘껏 소리도 질러보고 싶겠지
어제의 가슴 아팠던 시간
되돌릴 수 없는 마음의 상처까지
평화로운 안식을 찾아 휘날리며
부드러움으로 치유하는
더 이상 지구상의
왜곡된 경계는 없다
어디든 못 갈 곳도 없다
발 딛는 그곳이
마음 쉴 곳, 지상의 낙원

부용대에서

기와지붕 초가지붕 도란도란
굽이돌아 마을을 감싸 안고 흐르는
물빛 고색창연하다
가물가물 내려다보이는 강가에는
나룻배 한 척
뜨거웠던 지난 구국의 열정은
겹겹의 한이 풍경이 되고
만송정 솔숲 길에는
구월 구일의 시린 초저녁 달도
하얀 박꽃으로 피었겠다
망초 꽃을 흔드는 바람결에
귀 쫑긋하면 낱알처럼 박혀오는
북촌 댁의 서러운 이야기
병산서원 화천서원을 드나들던
유생들을 생각하며
나는 절벽 위 화석으로 섰건만
낙동강 물은
그저 무심히 흘러 흘러만 간다

*부용대: 낙동강 물이 마을을 감싸고 S자 모양으로 흐르는 풍경을 한눈에 볼 수 있는 경북 안동시 하회마을에 소재한 언덕

제2부

내 고향 그곳

감꽃 목걸이 꿰어
내 첫사랑에게 건네주던
그 풋감이 몽실몽실 익어갈 테지
해 질 녘이면 쇠죽 끓이느라
청솔가지 매운 연기에 눈물 찔끔
내 눈이 짓무를 때면 어미 소
호수 같은 눈망울을 끔뻑였지
쓰르라미 소리 높은 밤하늘에
산들바람 조용히 목덜미를 간지럽히면
마당에 멍석 깔아
검불 더미 모깃불 피워 놓고
어머니 끓여 주시던
밀가루 장국 물속 잠방하게 쏟아지는
은하수별 무리를 떠먹곤 했지
앞산 뒷산이 유일한 놀이터이자
내 꿈을 키웠던 유년의 시절
흰 구름 두둥실 그 언덕을 넘어서면
잔잔히 흐르는 강물처럼
내 마음 무심히 그곳으로 향하곤 하지

늦가을 밤

좀처럼 잠 못 드는 늦가을 밤
꽃 그림 찻잔을 내려놓고
커피포트에 전원을 꽂는다
쏴-아, 먼 데서 들려오는 달음박질 소리
억새꽃 하얀 물결 사이로
파란 하늘이 조각으로 내려앉는다
도시에서 온 백옥 같던 그 아이
뻴때추니 함께 구릉 잔디를
데굴데굴 한 번씩 구를 때마다
털스웨터 온통 검부러기 뒤집어쓰고도
마냥 즐거웠던 눈이 맑은 그 아이
이사 가던 날
뒷산 억새꽃 하얀 울음 밤새 울었다
창틈으로 휘둥그런 보름달이
찻잔에 내려앉으면
부드러운 커피 향에 유체 이탈한 듯
윈데 떠다니는 지금 그 아이 생각난다

밥심

사람은 밥심으로 버틴다고
객지 나간 손주에게 늘 당부 하시는
할머니 말씀은
때를 거르지 말고 꼭 챙겨 먹으라신다
오로지 밥이 전부인 할머니는 지금도
한 끼 굶으면 죽는 줄 안다
가끔 말쑥하게 차려입고 나가는
이웃집 총각을 보면
저 녀석 밥벌이는 좀 하나 물으시고
남들에게 칭찬받을 일을 하면
오늘은 밥값 했네 하신다
종종 밥그릇 싸움으로 서로 헐뜯고 경쟁하고
우리 생활 터전에는 늘 밥 한 끼가 있었지
밥 먹을 때는 개도 안 건드린다며
죽을 짓을 해도 밥은 먹여야 한다고
퍼주고 또 퍼주는 할머니에게
따뜻한 한 끼의 밥은 보약인지라
밥벌이가 되든 안 되든
손주 밥 잘 먹고 다닌다고 위로하면
만사 오케이다

그때 흐르던 물빛은

물속 깊숙이 훤히 내려다보이는
강가 수초 더미에 피라미 떼 노닐듯
아이들 모여 물놀이 하다 보면
속옷까지 흠뻑 다 젖곤 하였다
햇볕 쨍쨍 천방지축 노는 사이
옷은 자연바람에 다 말라
소쿠리 들고 개울가에서
누르스름한 미꾸라지 한 바가지 잡아
엄마 앞에 내밀면
구수하고 얼큰한 보약 같은
추어탕 한 그릇 뚝딱 끓여 주셨다
곤한 몸 달콤한 엄마 냄새에
옆구리 파고들며 잠이 들곤 하던
그때 그 물빛이
어느 때부터인가
숨이 멎을 듯 혼탁해지더니
생인손으로 아프다 아프다 외쳐대도
글쎄 모두가 외면하고 있는 사이
녹 빛 강물은 깊숙한 곳에서
대책 없이 지금도 신음하고 있다

해질녘에 그리운

 마당 구석진 곳 삽자루 하나 닳아 허물어진 손잡이에서 어머니의 시간이 보인다 일찌감치 홀로 되신 당신께 딸 셋은 혹이었을까 버팀목이었을까 해종일 논일로 하루해를 보낼 때 집에 남은 어린 세 자매는 가사를 분담하며 어머니를 기다렸지 큰 언니는 밥하고 작은 언니는 쇠죽 끓이고 어린 나는 대청마루 걸레질하였지 해 지고 꼬리 긴 어둠 따라 샛별이 내려도 어미 소 음매 음매 배고프다 울어대도 여리고 아픈 초승달이 떠올라도 어머니는 오시지 않고 시간은 길기만 하였지 해질녘이면 지금도 그리운 내 유년의 아린 나이테 하나

할미꽃

시골집 채마밭 구석진 곳에
할미꽃 두어 송이
드문드문 고춧대와 상추, 파
풀꽃들과 어울려 산다

어머니 어지럼병으로
달포 이상 집을 비웠다가 돌아오니
목말라 꼬꾸라진
할미꽃이 먼저 눈에 들어온다

어쩔까나!
가녀린 목덜미 안쓰러워
물 호스부터 끌어다가
듬뿍듬뿍 재빨리 물을 주고 나니
조금씩 다시 생기 돋기 시작한다

어머니의 흔들리는 세상은
날이 갈수록 심해져 희망보다
절망이 앞서는가 싶더니
안간힘 다해 천천히 고개 드는 할미꽃

밤새 짓궂은 곡우 바람 지나고
나풀나풀 흰 머리칼 날리며
어머니 현관 앞에 앉아
잠잠해진 햇볕에 몸을 말리신다

침입자

시골집 잔디 마당에는
초청하지 않은 손님이 자주 출몰한다
평소에는 참 예쁘고 사랑스러운데
어머니에게는 무단 침입자일 뿐
괭이밥 토끼풀 쇠뜨기 별꽃…
호미를 놓지 않고 매일
그들과 사투를 벌이지만
어디서 날아오는지
꼬리에 꼬리를 물고 사방으로 번진다
꽃이 꽃으로 보이지 않는 날
어머니께서는
얘야 꽃핀 것부터 먼저 없애라 하신다
꽃핀 것은 금방 또 씨 맺어 영역을 넓힐 터
괭이밥부터 없앨까 별꽃부터 없앨까
머리에서 한참 작전 중
타다닥 타다닥
괭이밥이 내게 총알을 먼저 날린다
하, 우물쭈물하다 또 당했네

차꽃

속마음
들킬까봐 숨었나
찻잎 촘촘히
반짝이는 잎새 뒤
보일 듯 보일 듯
구름 같은 하얀 꽃
몇 번을 우리고 우려도
말 없는 희생
내 어머니

새참

모내기철에는
아궁 앞의 부지깽이도 뛴다고 했던가
내 나이 예닐곱 무렵
새참 이고 가는 언니 따라
논두렁길 걸어 국수 배달했었지
써레질로 비어 있던 논에 물이 찰방이면
바람 따라 흰 구름
먼저 내려와 농심을 토닥이곤 했었지
옆집 김 씨 아재 야들야들 국수처럼
능청스러운 우스갯소리와 함께 못줄 길게 늘이면
일꾼들 재빠른 손놀림으로 모를 심었지
새참을 풀어놓으면 어머니는
펄 묻은 손 논물에 헹구고 정구지 고명 얹어
그릇그릇 국수를 먹기 좋게 담아내셨다
투박한 시골 농부처럼 특별할 게 아무것도 없는
거뭇하니 면발 굵은 볼품없는 구포국시였지만
그 맛은 지금도 잊지 못하는
봄날의 훈풍처럼 참 따스했던 그때 그 인정

그 집

한참을 걷다 아픈 발목 잡고
사람 흔적 없는 빈집 섬돌에 앉았다
배낭을 풀어놓고
아픈 내 발목을 위로하던 중
발밑의 개미 행렬에 눈길이 간다
웃자란 덤불 주변 크고 작은 개미집
마른 수피 헐렁한 죽은 나무의 몸을 빌려
하얗게 피어나는 독버섯
그 위로 거미의 입체형 다세대 주택
햇살과 바람의 무한 공간
빈 집이 빈집이 아니었다
사람이 버리고 간 죽은 나무에서
뭇 생명이 새로운 세상을 만들어 가고 있었다
생성과 소멸이 무한 반복되면서
또 한 세계를 열어가는
오래도록 걷다 지친
내 아픈 발목도 언젠가는 나무와 섞여
햇살과 바람의 품으로 돌아가야 할
노랗고 파란 풀꽃 가득했던 그 집

매화꽃이 피었네

얼음장 같은 추위가
아직은 가시지 않은 입춘
고목의 매화나무 우듬지에
꽃 한 송이 피었네

실개천 징검다리 밑에는
피라미 떼 동면 중이고
버들강아지 솜털 나풀대며
곁눈질 배시시 봄을 탐색 중인데

어젯밤 꿈에서 만났던
생각하면 가슴 아픈 그 사람
잡은 손 놓칠까 봐
밤새 허둥대며 헤맬 때

보란 듯
나 여기 있어요
나 여기 있노라며
하얀 매화꽃이 피었네

눈 오는 날

소리 없이 함박눈 내리는 날은
문틈 바람 소리도 들리지 않았다
사락사락 아무도 모르게
그리움은 쌓여가고
고향 마을 토담집 창호에
할아버지 곰방대 소리 들리겠다
사뿐사뿐 내리는 눈은
지상의 경계를 허물고
산과 들의 경계까지 허물고
겨울 빈 들녘을 잠재우면
꽃이 되고파, 잎이 되고파
나뭇가지에서 꿈틀거리는 새 생명들
겨울 빈 들녘에 소슬소슬
알 수 없는 깊이로
함박눈 내리는 날은
내 심장박동 소리 더 요동치겠다

회억

돌아보면 무수한 별처럼
가슴속 침잠해 있는 작은 파편들
먼 산 뻐꾸기 울면
마음 저 깊은 유년의 언덕
흑백필름 선명한 기억은
나를 지탱해 온 온전한 힘이었다
모깃불 연기 자욱한 마당
쇠죽 끓여 어미 소 먹인 뒤
도란도란 멍석에 앉아
꽁보리밥에 멀건 된장 국물
푸짐하게 가난을 먹어도
그것이 가난인 줄 모르고
세상 다 내 것인 양
반딧불이 쫓아다니던
한여름 밤 유년의 일상
그때의 아름다웠던 추억이
문득문득 썰물처럼 밀려와
지금 몹시도 그립다

연어는 물살 거슬러 고향으로 간다지

연어는 생을 마감할 즈음
고향으로 돌아간다지
그 길이 다시는 돌아올 수 없는
험난한 길이란 걸 알면서도
두려움 없이 꿋꿋하게
세찬 물살을 거슬러 올라간다지
생의 마지막 순간까지
사력을 다하는 연어
어머니 오른쪽 볼에
피부 신생 종양 진단받고
자식들 안달복달하여도
그저 무덤덤하게 일상을 유지하며
"나는 아무치도 않다. 살 만치 살았으니,
나는 아무치도 않다"시며
텃밭 가을배추 더 살뜰히 보살피신다

나락 두지

고향 집 마당 한 켠
덩그러니 놓인 나락 두지
시간의 깊이만큼 빛바래 허름하지만
홀로 집을 지키는 어머니처럼
흔들림 없이 꼿꼿하게
우리 집 지킴이로 남아 있다
가을 타작을 하고 나면
텅텅 비어 있던 나락 두지는
알곡 가득 우리 식구들의 희망이었지
시간이 흐르면서, 터진 콩 자루같이
두지의 나락은 조금씩 줄어들었고
자식들 하나둘 도시로 떠난 뒤
신식 문명에 떠밀려
알맹이 없는 가죽만 남았지만
지금까지 역사처럼 살아남아
벼 베고 타작하던 그 추억이
타박타박 걸어온 어머니의 삶처럼
마당 한 켠 따스함으로 그립다

가지 꽃이 피었어요

보일 듯 말듯 가녀린
가지 꽃잎에서 내 유년 시절
아린 나이테 하나 보여요
하굣길이면 텃밭 한편에
풋내 가시지 않은 말랑한
가지 하나 한입 베어 물면
부드럽고 진한 향이
명치끝까지 차올라
허기를 진정시키던 그때
강부자 집 아들은
점방 문지방 닳도록
얼음과자 사 먹었지요
자식을 보듬는 모성처럼
여름 내내 조롱조롱 매달려
주린 배 달래주던 물컹한 가지
어머니의 자주 저고리 같은
가지 꽃이 수줍게 피었어요

토란국 냄새에 하루해는 저물고

시골 텃밭 채소 한 꾸러미
아파트로 가져와 풀었더니
개미 두어 마리 딸려 와
혼비백산 이리저리 방황하고 있다

찰나에 벌어진 순간
어쩔까나 여기가 어디지
어쩌다 여기까지 따라왔을까
모든 게 낯선 환경 낯선 친구

생의 파고를 넘어
새로운 친구 새로운 집 꾸려
소풍 같은 생 다시 살라고
보이는 데로 주워 손에 움켜쥐고
화단 꽃잔디 속에 풀어놓았다

오소소 찬 바람 불고 한참 뒤
그 자리 일 없다는 듯 평온하다
저녁노을 지는 하늘
토란국 냄새에 하루해는 저물고

제3부

새해 새날

어제가 오늘 같고
오늘이 어제 같아도
새해 새날에는
붉게 솟아오르는 태양처럼
가슴을 쭉 펴고
기지개를 켜 볼 일이다

새로운 카렌다를 열며
한 해의 중요한 일정을
붉은 펜으로 표시하고
가보지 못한 곳으로
새로운 내 발자국을 남길
여행의 설렘도 가져볼 일이다

묵은 일기장을 정리하고
깨끗하고 빳빳한
새 수첩의 표지를 열며
첫 장 첫 페이지 하얀 여백에
올해의 첫 마음을 새겨 볼 일이다

시 낭송을 배우다

한 달에 한 번
마음 깊은 곳까지 울림이 있는
강서문인협회 시 낭송 수업 날
오늘도 향기로운 사람들이 모였다
연마되지 않은 보석처럼 딱딱하고
정제되지 않은 음정
거칠었던 소리가
날이 갈수록 조금씩 부드러워지는
매화꽃 막 벙그는
이월의 어느 하루
테이블마다 노르스름 따끈한 매화차
선생님 따라 읊어보는 고운 소리에
몽글몽글 차향도 따라 터진다
산등성이 넘어 다시 봄이 오듯
향기로운 벚꽃잎 차를 마시며
생각의 바구니 저 밑바닥에
저장해 둔 너를 다시 깨운다

비문증

날파리 떼 지그재그로 앞을 가린다
손바닥으로, 파리채로 휘둘러도
눈 앞에서 사라지지 않는
앵앵 기계음을 따라가던 하굣길이었다
추수기 바심을 시작한 타작마당에는
새참이 조금 남아 있고
아저씨는 연신 탈곡기를 밟아댄다
배고파 허기져 노란 하늘에
공중을 사선으로 관통하는 볏단들
고음으로 치닫는 쇳소리의 산통에
나락 더미 자부룩히 쌓여간다
못 먹여서 작은딸 병 얻었다며
마음 아파하던 어머니의 한숨 소리
잔등처럼 희미하게 멀어져가는데
날파리 떼 여전히 내 눈앞을 아른거린다

너도풍란

배란다에 터를 잡은 지 십 수 년
언제나 처음인 듯
올봄에도
엷은 미소 한 줌 내려놓고
달포 간 긴 침묵
햇살같이 해맑은
미소 한 줌 내려놓고
또 달포 간 긴 침묵
조금씩 아주 조금씩
미지의 세계로
발 내려놓는 우주인이다
겨우내 포동포동해진 꽃대 올려
서두르지 않고
한 호흡 한 호흡 숨죽이며
혼신의 힘으로 밀어 올리는
저 경이로움
긴 기다림이어도 좋겠다
세상과 첫 대면하는 갓난아기 같은

묵란

끊어질 듯 이어지는
미세한 손의 힘으로
하얀 화선지에 일 엽을 치면
땅 밑에서 물오른 연둣빛
토실한 촉이 발아하는 소리 들린다
바람막이가 되어주는 괴석
진묵에서 연 묵으로 흐르는 농담 사이
지나간 햇볕과 바람의 흔적을 지운다
다시 붓끝을 맑은 물에 헹구고
살짝 진묵을 찍어
반원으로 이 엽을 치고,
행간을 가로질러 삼 엽을 치면
괴석 뒤에 숨은 난 향이
몽실몽실 피어오른다
자칫 욕심을 내다간
입을 꾹 다물어버리는 꽃잎
가벼운 붓끝 터치 한 번으로
집 안이 환하다

내일은 맑음

우리 살면서
어디 화창한 날만 있었던가

소풍 전날
가슴 두근거리는 설렘에도
비는 내렸고

젖은 목화솜같이
한없이 우울한 날은
얄밉게도 맑기만 했지

맑았으면 하는 날은 비 오고
비 왔으면 하는 날은 맑은 하늘처럼
우리 살아가는 일도 늘 그랬었지

지금 앞이 막막하고 힘들어도
내일은 맑음이라는 희망으로
오늘 하루 꽃길로 열어가네

아가야

이제 갓 백일 지난
아가 다녀간 빈방은
적막하여라
응애 응애응애

모든 의사소통은
울음으로 통하네
한 시간을 가만히 있지 못하고
응애응애 응애

귀에 거슬린 듯 착착 감기는
그 울음
참 아름다운 소리
응애 응애 응애

커가는 한순간도 놓칠세라
카메라 셔터 꾹꾹
볼수록 엄마아빠 빼닮은 아가야
건강하게 무럭무럭 자라거라

*진표 100일쯤

고사리

해마다 이맘때면
무거운 흙을 밀어 올리고
아기 손처럼 보드라운 고사리 순
꺾고 꺾어도 포자를 날리기 전까지는
끝없이 올라오는 고사리
열 번을 넘어지고 백 번을 넘어져도
포기하지 않고
다시 일어서기를 반복하는
갓 돌 지나 걸음마 연습 중인 우리 손주

진표 첫돌에

정해년 6월 15일
한더위를 앞둔 입하에 태어났으니
싱그런 녹음처럼 앞날이 창대하구나
햇병아리 엄마 아빠의
온전한 사랑으로
갓난아기였던 네가
첫돌을 맞이하였으니
이제 바람 불어도 흔들리지 않는
튼실한 나무가 되었구나
엄마 아빠와 더불어
할미 할배 왕 할미 진심으로
진표의 첫돌을 축하한다
혼자서는 살아가기 버거운 세상
언제나 이웃을 생각하며
사랑이 충만한 큰 나무가 되어
씩씩하고 당당하게
네 앞길을 열어가려무나
사랑하는 손자 진표야!
세상의 빛과 소금으로
앞으로도 건강하게 지금처럼 자라다오

2018.6.15.

세수를 하며

엊저녁 늦게
칫솔질을 하다가
거의 소진되어 홀쭉해진
치약을 밀쳐두고
새것으로 꺼내놓았다
다음날,
아들은 어김없이 새 치약
한가운데를 꾹 눌러 사용했고
노모께서는 옆에 밀쳐둔
치약 튜브를 끝에서부터 자근자근
눌러가며 사용하고도 남았다
얼마 남지 않은 생을 다루듯
남김없이 꼭꼭 짜내는 할머니
아직 창창한 세월의 깊이를 가늠하듯
중간을 푹푹 눌러 쓰는 아들
페퍼민트 부드러운 잎사귀가 그려진
새 튜브에 선뜻 손이 먼저 가는
나는 아직 유생 기를 벗어나지 못해
매일 아침 세수를 하며
지금도 탈피 중인가 보다

퇴임 이후

지난 연말
긴 공직 생활에서 퇴임했다
쇠사슬에 묶인 코끼리처럼
시간에 포위된 채
바깥세상 모르고 살다가
자유인이 된다고 생각하니
이른 봄 흙을 뚫고 돋아나는 새순처럼
두려움과 설렘 가득
나만의 새로운 길을 탐색 중이다
공무원 출신이라며 가는 모임마다
특급 환대 아닌 환대를 받고 있지만
돌림병이 내 코앞에 버티고 있으니
새처럼 가벼워지고픈 마음
속절없이 무너지고
수십 년 몸에 밴 생활은
그토록 원하던 자유를 얻었건만
아직 실감하지 못하고
아침 눈을 뜰 때마다
휴일인가 하는 착각 속에 살고 있다

백내장 수술 후
– 신천지가 보인다

풍경도 흐릿하고
모니터도 흐릿하고
사람도 흐릿하게 보인다
안경 도수를 높여도
안약을 넣어도 그저 그렇더니
예순도 안된 나이에 백내장이란다
볼 거 안 볼 거
너무 많은 것을 보았던 탓일까
평생 처음 입원하여 수술 받고서
가리고 있던 안대를 벗는 순간
하! 세상이 이리도 밝았던가?
신천지가 보인다
비로소 거울 속 안경 벗은
내 모습을 보면서
그동안 양지에 묻혀
미처 내가 알 수 없었던 그늘진
세상사에 대해 생각해 본다

코로나 팬데믹

집안이 바깥이고
바깥이 집안이 되어버린
불편한 물아일체
사람이 사람을 못 만나고
사람이 사람을 경계하는
말도 안 되는 세상
창공을 나는 새는
유유자적
잿빛 하늘 진눈깨비가
두렵지 않은데
엄동설한에도
꽃은 피듯이 머지않아 곧
따뜻한 봄소식 들려오겠지

고苦

밤이 깊을수록
생각은 꼬리에 꼬리를 물고
열두 구비 고개를 넘는다
자식 걱정 돈 걱정
노후 걱정 건강 걱정
버려야 하는데
놓아야 하는데
그래서 자유로워지고 싶은데
어쩌자고 이리도
머릿속은 온통 번뇌로 가득한 지
아프다 아프다 하면서도
무겁다 무겁다 하면서도
쉬이 놓지 못하는 욕심 덩이
보이지 않는 깨우침의
설법 찾아 하심행下心行이다

병실의 아침

새벽녘에 또 하나의 침상이 늘었다
밤새 응급실에서 이송됐나 보다
지난밤 간신히 잠들었을 무렵
간호사의 귓속말에 놀라 깨었다
며칠간 비어 있던 옆 침상을 사용하면서
남편의 간호를 해왔는데
새로운 주인이 나타났으니 자리를 비켜야 했다
비몽사몽간 간이침대로 잠자리를 옮겼다
바닥에 거의 붙다시피 한 조그만 간이침대
인간의 원초형 방바닥이 이랬을까
커튼 하나 사이로 손 뻗으면 맞닿을 옆 환자의
숨소리, 코 고는 소리, 이빨 부딪히는 소리까지
오롯이 함께 공유하며
일주일째 새벽을 맞이하고 있다
부디 날이 새면 이곳 6인 침상 환자 모두
아픔 없이 훌훌 털고 일어나기를…

남편의 전화기

고집스레
2G 폴더 폰만 사용하던 남편이
서비스 중단으로 어쩔 수 없이
스마트 폰으로 교체 했다
카카오 앱을 설치하고 밴드도 설치하고
가족 모임 단체 톡방에도 초대됐다
시시때때로 울리는 '카톡' '카톡' 소리에
처음에는 신기한 듯 손에 쥐고
바로바로 열어보곤 하더니
몇 개월 지난 지금 소음이 되어
"와 자꾸 내 한 테만 '카톡' '카톡' 보내노" 한다
무음 수신법은 아직 모르나보다

사진첩을 정리하며

저마다 꽃처럼 활짝 웃고 있는
지나간 단체 사진을 정리하며
앞줄과 달리 등 뒤에 반쯤 가려져
누군지 알 수 없는 얼굴을 본다

도무지 생각나지 않는 막막함…

하나 같이 앞만 보며 웃고 있는 틈에
등 뒤에서 배경이 되어주는 사람들
손이 닿지 않는 내 등 뒤로
젖은 손 마르지 않는 어머니의 삶이
늘 허허로워 보이는 남편의 등이 보인다

화려한 꽃만 쫓아가다 그늘에 가려진
어둠을 생각해 보지 못했다
지나간 시간에 눌려 곰팡내 포자로
얼룩진 사진첩을 가을의 장면처럼
한 장 한 장 쓸어 넘긴다

제4부

가덕대구 맛보러 오이소예

까칠한 겨울바람이
뼛속까지 파고드는 소한 즈음에는
시린 몸 데워주는
가덕대구 맛이 제맛인기라 예
육질이 쫀득쫀득
살아 있는 식감은 회로도 일품이지만
입안에서 살살 녹아내리는
얼큰하고 시원한 대구탕은
겨울 한 철 허한 기를 살려주는 데는 딱 이지 예
가덕대구가 몸에 좋다는 건
가덕사람들을 보면 알잖아 예
거친 물살을 가르는 듯 팔딱거리는 성질 하며
구릿빛 윤이 반짝이는 탱탱한 피부
가덕대구 세 마리 만 먹으면
그해 겨울에는 감기도 안 걸린다카데 예
숙취 해소에도 좋지만
안주로 먹으면 술이 안 취하는
쫄깃한 육질에 맑은 국물이 좋아서
임금님께 진상했다는 가덕대구
겨울이면 집집이 빨랫줄에서 꾸덕꾸덕 말라가고 있는
겨울 진객 가덕대구 맛보러 오이소예

남한산성 가는 길

큰 돌 작은 돌
촘촘히 쌓아 올린 성벽 길 따라
남한산성 가는 길
손바닥만 한 밭뙈기에
상치 심고 가지 심고 고추 심고
환삼덩굴 치렁한 울타리
새 초롬히 노굿 일었다
보일 듯 말 듯 줄기에 묻혀
어여쁜 님 닮은
작고 희미한 꽃
힘없는 나라 힘없는 백성이라
억지춘양 삼궤 구 고두례의
수모를 겪고도 보란 듯
의기양양 콩 줄기 뻗쳐 올린다
수어장대 장수의 호령 소리
침괘정 돌절구에 화약 찧는 소리
연무관 운동장
병사들의 우렁찬 발걸음 소리에
숲 덤불을 밀어 올리고
행궁 행렬처럼
길게 늘어진 콩 줄기 노굿마다
알곡 토실토실 열매 맺히겠다

외양포

화산재 속 도시 폼페이가
침묵을 깨고 세상에 모습을 드러내었듯이
거대한 문명의 소용돌이에 묻혀 있던
가덕도 최남단 외양포 마을
한 세기가 지난 지금도
비늘 판벽 함석집 적산가옥 그대로
시간은 정지된 채
누운 파도 기와지붕에서 졸고 있고
햇살은 눈썹지붕 창틈을 맴돈다
아스팔트 도로가 사라진 뱃길을 대신
외지인의 발길은 늘고 있지만
전쟁 통에 빼앗겨버린 삶터
다시 돌아왔으나 내 집 아닌
적산가옥에서 애끓는 상처를 안고
우물 깊은 그림자로
살아가야 하는 외양포 사람들
한 때기라도 좋으니
내 이름으로 된 내 땅을 갖고 싶다고
어쩌랴, 곧 공항이 들어선다는데

로즈메리 정원

매일 아침 나보다 먼저와
나를 기다리는
책상 위 작은 화분 로즈메리
텅 빈 곳 낙동강 바람에
목관악기 울음소리를 내는
매서운 바람 소리에도
그리운 사람 기다렸노라며
밤새워 응축했던 향기 모아
아침 햇살에 조곤조곤 말을 건넨다
한낮 졸음에 겨워
천근만근 무거워지는 눈꺼풀
온갖 잡념으로 지끈지끈한 머리에도
상큼한 향기를 전하는 알싸한 향기에
고달픈 하루를 마름질하곤 하는
책상 위 내 작은 로즈메리 정원

그때 그곳
– 성조암

여고시절
봄 소풍 간 성조암
맑은 바람에 속살 뽀얀
벚꽃 아래 노닐다
종례 시간을 놓쳐
선생님 앞에 꿇어앉아
벌 받았던
그 아슴한 풍경 그리워
오늘 다시
난 그곳에 갔었다

홀로족에 대한 단상斷想

산행을 나섰다
햇볕 풀 바람을 업고 가다 보면
무겁고 긴 사유의 시간이
새소리처럼 가벼워진다

독야청청 소나무는
생육 전쟁에서 홀로 살아남고자
솔잎에 독성을 가득 뿜어
주변 식물들을 다 없애버리곤 한다

홀로족이 대세인 요즘 젊은이들은
벽 하나를 사이 두고 카톡! 카톡!
이역만리 먼 곳에서도 카톡! 카톡!
24시 편의점에서 혼밥을 즐긴다

혼밥 혼술 혼행을 즐기는
나 홀로의 자유도 좋지만
그래도 혼자보다는
여럿이 함께 어우러져 알콩달콩
살아가는 모습이 더 좋아 보이더라

개발제한구역

 내 친구 숙이는 낙동강 변에서 대대로 농사를 지으며 살아왔다
 온 벌판이 놀이터이자 생활 터전이었던 그 시절
 학교에 갓 입학하여 글을 배우기 시작하면서
 주변 곳곳에 널린 하얀 말뚝 팻말을 조금씩 읽어 내려갔다
 "개발제한구역이 뭐지?"
 "글쎄 개 발 제한 구역인가 보다"
 개가 발을 디디면 안 되는 곳으로 알았단다
 어느 누군가에게는 이상적인 전원도시가
 어느 누군가에게는 반세기 동안
 햇빛 한 번 제대로 보지 못한
 오지 산골 같은 문화의 불모지로 살아왔다

가을, 삼만 원

사무 책상이 좀 커 보였던지
가방 장사가 내 앞에 자주 온다

만물상 아저씨로부터
카세트테이프, 양말, 치약…

볼 때마다 반갑다며 한참 동안 옆에 서서
가정사부터 시작해, 덤으로
공무원이 궁금해하는 타 기관
인사이동 정보까지 흘리며 너스레를 떤다

그럴 때마다 어쩔 수 없이
일, 이만 상당의 물건을 구매해 주다 보니
마당 구석 빈 나락두지에 잡동사니 쌓이듯
내게 별 필요 없는 물건들이
서랍에 하나둘 쌓여간다

명절 전후에는 금액이 좀 올라
좀 전에는 삼만 원을 주고 억지 춘향
가을걷이용 낫, 칼갈이 숫돌을 하나 샀다

가고 난 뒤 인터넷으로 검색해 보니
만 원도 안 하네 헐…

알고도 속고 모르고도 속으면서
또 가을은 그렇게 조용히 내게로 왔다

대동 나루터

사람과 사람이 만나 정담을 나누던
대동과 구포를 연결하는 지난날
유일한 교통수단이었던 대동 나루터
그 흔적 사라져도 무심히 흐르는 강물은
질곡의 삶을 살아왔던 낙동강 사람들을 기억한다
물비늘에 투영되는 잔영이
할아버지 이마 주름살처럼 깊다
대숲으로 들어서면 사그락사그락
자장가처럼 들려오는 댓잎에 이는 바람 소리
척박한 모래땅 위에 얼기설기 민낯으로
뿌리 도드라져 서로 잡은 손 놓지 않았다
핑크뮬리 아련한 첫사랑이 하늘을 열면
휘감아 도는 강물 위로 반추되는
유년의 잔상이 고요한 상념으로 내려앉는다

대저도

낙동강 하구 모래톱이 만들어낸 섬
대저도에 닷새마다 장이 열리면
경아 집 앞마당까지 빼곡히
좌판이 들어서던 그땐 섬 장으로
주변에서 꽤 유명했었지
햇살 가득 무심 날이면
장터에서 골목길까지
아이들 소리 키를 높이더니
어느 때부터 인가
모래 알갱이 손가락 사이로 빠져나가듯
사람들이 하나둘 떠나가면서
만희유치원이 사라지고
옹기점이 사라지고
조광사 양복점도 사라지고
갈 곳 없는 바람만 나이테로 눌러앉아
생 몸살을 앓았다
응급으로 도시재생이란
긴급 처방이 내려지더니
바람만 휑하던 그 골목길에는 내 친구
경아와 놀던 그 당시 기억의 파편들을
하나둘 다시 조각모음하고 있다

숭어들이

옥빛 바다에
짙푸른 구름 덩이가 움직인다
드디어 숭어 떼가
길목에 미리 쳐둔 그물 안으로
들어 왔나보다
순간, 어로장 고 씨의 눈빛이
혜성처럼 빛난다
"밖 목선 준비하고!"
"안목선 그물 조지라!" 호령하면
안 잔등, 밖 잔등, 밖 귀잡이, 안 귀잡이가
구령에 따라 동시에 그물을 들어 올린다
파닥파닥 은빛 숭어 떼가
하늘 높은 줄 모르고 막 뛰어오른다
만선의 기쁨은
마을 사람들의 자칫 날이기도 했다
160여 년 전통 이어가는 가덕도 숭어들이
비록 오늘 허탕이어도
내일이란 기다림이 있는 선물
오늘도 고 씨는 새벽녘 망루에 올라
언제 올지 모르는 숭어 떼를 기다리고 있다

삶의 유통기한

소비기한이 얼마 남지 않은
해묵은 생강차
밀봉된 동통의 아픔을
커피포트로 팔팔 끓여서
한가득 잔에 채운다
향긋한 맛이 입 안 가득
음! 그 본성은 살아 있었구나
긴 겨울 흙더미 속에서
찬 서리 눈비 맞으며
맑은 햇살에 몸 녹였으리라
맨몸으로 태어나 희로애락
꿋꿋하게 땅을 밟고 살아가는
직립의 인간에게도 미 표기된
삶의 유통기한이 있었을 터
한 시대를 총총히 걸어온
내 몸 어딘가에
바코드 숨겨져 있을 것 같은
나의 뿌리 나의 본성
마음 아파 본 사람은 그 본성을
쉬이 져버리지 않는다

수직으로 서다

별똥별 성호를 그으며
고요를 가르는 야심한 밤
저 멀리 뒤뚱뒤뚱 지축을 흔들며
수직이 무너지는 한 남자 다가온다
아파트 화단 주변 꽃과 나무까지
바짝 긴장하며 시선이 집중되는데
현관 앞에서 흔들흔들 한참을 머뭇거린다
허공중을 맴도는 손가락
다시 한번 누르세요
다시 한번 누르세요
문은 열리지 않고 기계음 반복된다
어디서 어떤 사람들과 주거니 받거니
어지러운 세상을 평정하고 왔는지
못다 한 대화 결론 없는 이야기에
배터리가 소진되었나
기억의 감각 센서가 오작동인가
다시 한 번 땅을 밟고 수직의 힘으로
두 다리 곧추세우더니
현관 센서 불빛이 환하다

설 단상 斷想

머리맡에 설빔 두고
뜬 눈으로 날 밝기를
기다리던 때가 있었지
일가친척들 모이면
한두 장씩 용돈 받는 재미로
더 기다려지던 설날이
차례 상 수북이 오른 음식처럼
설이 되면 갈수록 걱정이
태산 같았는데
그 자리 물려준다 생각하니
마음 홀가분하면서도
그믐밤 같이 무겁기도 하다

금파정터

능소화 만발하는 유월의 언덕
중사도를 휘감고
잔잔히 흘러가는 서낙동강은
그날의 아픔을 기억한다
전쟁의 상흔은
오랜 시간
몸과 마음을 아프게 하지만
옛 정자가 있었던 금파정터에서
바라보는 강물은 그때도 지금도
금빛 물결 반짝인다
빗발치는 포탄 소리에
그 누구도 범접할 수 없었으리라
공포만 남은 오봉산 기슭
어선조차 찾아오지 않는 그곳에
김해 부사께서 금파정을 설치하고
유림의 출입을 허락하면서
일반 백성들 하나둘 찾아와
삶의 터전을 이루었다니
지금도 지구상의 저편에서는 서로

영토를 뺏고 빼앗기는
전쟁은 계속되고, 그때마다
사람들의 가슴에는 피멍이 들어도
금빛 물결 강물은 여여하다

*금파정터 : 강서구 죽림동 오봉산 기슭 위에 건립한
 정자가 있었던 자리

천성진

초하의 여름비가
땅을 적시는 밭떼기
그날의 의분을 재현이라도 할 듯
옥수수 참깨 들깨 상추 곧추서
조금씩 영역을 넓혀간다
밭과 밭 사이 경계석은 널브러진
성돌 수북이 충무공의 전적비를
경전처럼 받쳐 들고
비 오는 들판에서 묵상 중이다
왜구의 잦은 노략질에
백성들 몸과 마음 이미 지쳤으니
천성에 진을 설치하여
바닷길을 방어하고자
민초의 힘 모아 성돌 하나하나 쌓았다
수군만호의 철벽같은 방호에도
촘촘하던 성벽 무너지고
먹먹한 가슴처럼
검게 그을린 성돌 흔적으로 남아
논배미를 지나가는 바람소리
장군의 혼령인 듯 예사롭지 않네

겨울 폭포

햇볕도 몸을 움츠리는
옹골찬 바람의 성
기다림에 목말라
화석이 됐나
덕지덕지 덧발라
대책 없이
소리 지르면 지를수록
제 몸집만 우둔해져
숨이 막힌다
온몸이 부서져라
아우성치며
내리쳐도 좋으리
내 한 몸 돌봄 틈 없어도
바쁘게 살아가던
그때가 봄날이었네

제5부

통도사에서

영축산 샘터 깊은 골
시간을 거슬러 태곳적 밀림 같은
산기슭에 천년고찰 근본 도량인
산지 승원 통도사가 있다
일주문 천왕문 불이문을 지나서
계율전수의 성소이자
부처님의 진신사리가 봉안된
금강계단에서 합장 기도한다
대웅전 빈 불단 위 빛나는 광채로
세상을 굽어살피시는 내 안의 부처님
나무 관세음보살, 나무 관세음보살
자장율사의 계율 정신 이어받아
엎드려 절하노니 마음 무한 평화롭다
마음이 평화로우니, 세상이 평화롭고
세상이 평화로우니
어느 마을에서도 축제처럼
즐거운 일들을 발견할 수 있겠다*
불보사찰 통도사에서
마음속 깊은 번뇌의 뿌리까지 다
내려두고 오는 걸음걸음이
하, 가볍다.

*인도속담 중에서

통도사 점심 공양

한층 얇아진 바람의 두께
통통 햇살 번지는 소리에
만물이 소생하는
화창한 봄날이었어요

산모퉁이 돌아오는
청아한 범종 소리
정화수로 몸을 씻은 듯
마음 맑은 사람들이 모여
점심 공양을 하네요

수 세월 곰삭은 서운암 장독대
적당한 햇볕과 적당한 바람으로
풍미를 더 하는 장맛처럼
걸어온 삶의 깊이만큼
잘 익은 영축총림 사람들

두 손 공손히 받아든 대접에는
해맑게 웃고 있는 콩나물

고개 숙여 합장하는 고사리나물
파릇파릇 새싹들이 활짝
주방 보살님처럼 웃고 있네요

그냥 받기 부끄러우나
자비로우신 부처님 은공으로
인연이 된 도반들 모여
숲 소리 왁자하니 찰지게 비벼져
똘똘 뭉쳐졌던 축제의 하루였네요

서운암 들꽃축제

무풍 한솔 적송 길에
돌돌돌 개울물 소리 들리면
비, 바람, 햇볕 한 줌씩 머금은
가녀린 들꽃 피어난다

자장암 연꽃단지 여름이면
알알이 박힌 연밥처럼
일정한 간격 일정한 크기로
줄지어 선 서운암 장독대
한껏 키를 낮춘 할미꽃이
솔바람에 솜털 파르르 떨며
찬바람과 맞서
금줄처럼 장독대를 지키고 있네

상춘객 그 마음 읽고
낮은 자세로 카메라 셔터를 누르니
따스한 햇볕 품은 들꽃
보드라운 향기를 보시하네

통도 계곡

유리알처럼 맑은 통도 계곡
차가운 개울가에 앉아
떨어지는 나뭇잎을 봅니다

물이 맑으면 맑은 대로
흙탕물로 탁하면 탁한 대로
누구 때문이라 원망도 하지 않습니다
그냥 흘러 흘러서 갑니다

인연 닿는 곳이
어디쯤일지
알려고도
따져 묻지도 않습니다

무심으로 흘러가는 나뭇잎
나를 비우는 마음처럼
바라보는 것만으로도
마음 편해집니다

후포리에서

망망대해 드넓은 바다를 가로질러
바람에 몸을 담금질하는
등기산 공원 전망대
옥빛 바다는 따뜻한 후포리 사람들의
어깨를 훈풍으로 다독인다
벽화에 그려진 백년손님 남서방을 보고
후덕한 세 할머니를 본다
인정 많고 인자한 우리 할머니같이
예나 지금이나 빙그레 웃고 계시네
등대 공원 저편 어느새 석양이 지고 있었다

*후포리 : 경북 울진군 후포면 후포리

산달도

밤이면
세 개의 산봉우리 사이로
계절마다 돌아가며
달이 떠오르는
바다가 호수처럼
조용한 섬

그리운 섬 따라
섬 아닌 섬을 찾아온
도시 사람들로 줄을 잇는…

그 섬이 그립다

*산달도 : 경남 거제시 거제면 법동리

장사도의 봄

까멜리아 붉은 홍채 반짝이는 숲길
얇아진 바람을 덮고 마른 수국이
도란도란 지난날 섬 이야기를 한다

주인 떠난 집에는
햇살이 창호와 대청마루를 오가며
널브러져 나른하다

흙벽에 먼지 쌓인 남포등은
기다림에 목말라 꽃이 됐다

햇빛 틈 하나 주지 않는 빽빽한
동백터널에서 지나간 시간의 태엽을 풀면
바닥으로 뚝뚝 떨어지는
선홍빛 홍건한 추억 한 뭉텅이

작은 교회당 십자가 너머로 교정에서
뛰놀던 아이들 소리 파랑에 묻혀 잠잠한데
팜파스그라스 공작처럼 꼿꼿이 인사하며
장사도의 봄을 부른다

양떼목장에서

일 년의 절반은 긴 겨울이 무단 기거했다 가는
해발 팔백 미터 험준한 태백산맥의 마지막 고개
남녘에는 지금 한창 단풍 물드는데
서둘러 낙엽 떨구고 겨울 준비하는
대관령 양떼목장에 섰다
초지에는 아직 싱그런 풀잎이 양 떼를 기다리고
눈이 시리도록 파란 하늘과 맞닿은 곡선 길에
양떼구름 양탄자를 깔고 유체 이탈한 듯
점점이 풀을 뜯는 양 떼 무리
평화롭다
드넓은 초록 융단에 내 몸을 맡기면
저 멀리 들려오는 풀잎의 메아리 소리
이제 곧 매서운 바람 불어
겨울 막사로 피신하면
엄마 품속 같은 부드러운 풀잎
언제 또 마주하려나
능선을 넘어오는 바람이 내 어깨를 짓누른다

설악산을 오르다

새벽녘 어둠을 누르고 설악동에 닿았다
어둠 속 산자락에는
고생대 공룡이 은밀히 다가오는 듯한
산객들의 발걸음 소리만 툭, 툭, 툭
신선이 놀았다는 비선대를 지나
마등령에 오르자
저 먼 데서부터 동이 트기 시작한다
부스스 숲들이 깨어나고
이슬 젖은 바위가 숨을 쉰다
조금씩 보이기 시작하는 공룡능선
네발로 기어가다시피 올라
마침내 까마득한 능선에 서니
가다 쉬기를 반복했던
인고의 시간이
새로운 희망이 되는 순간이다
올라서 보지 않고서는
아름답다 말할 수 없는
가을 설악의 장면들이
선명한 기억으로 남는다

기행시 · 1
- 진시황의 무덤을 보며

중국 시안에 가면
진시황의 무덤이 있다
왕의 무덤 주변에는
6천여 기의 토우 전사가
수천 년 무덤을 지키며
시황제를 지키며 호위하고 있다
영화로움으로
불멸을 꿈꾸던 왕…
인간사 부귀공명도
짧은 한 세월이라는 것을

기행시 · 2
– 캐나다 속 작은 프랑스, 퀘벡

티브이 드라마 촬영지로 유명세를 치렀던
캐나다 속 작은 프랑스 퀘벡은
프랑스인이 먼저 들어와
프랑스의 지배를 받고 살았으나
이후 영국이 전쟁에서 승리하면서
영국령이 되었다
전쟁에 패한 프랑스는
어쩔 수 없이 퀘벡을 놓아야 했지만
프랑스를 잊지 못하는
그들은 그 흔적을 고스란히 간직한 채
수 세기가 지난 지금도
유럽풍의 집에서
프랑스 음식을 먹으며 불어를 사용하고
몬트리올 다름광장에서
버스킹을 즐기며 살고 있다
올드 퀘벡 브띠샹플랭 거리에는
색종이를 모자이크로 펼쳐놓은 듯
소담하면서 아기자기 화려하다
오랜 역사가 쌓여 고풍스레
깊은 호흡으로 차를 마시는
상점 주인의 미소가 여유롭게 보이는
퀘벡, 그곳은 동화의 나라였다

기행시 · 3
– 자유로운 영혼, 뉴욕 그리니치빌리지

허드슨강을 따라
저마다 독특한 건물 모양의
고층 빌딩이 빼곡한
세계 경제의 심장 뉴욕의 시가지는
어느 나라의 대도시와 다를 바 없는
적당히 불결하고
적당히 무질서한 거리였다
화랑가에는 그 옛날 보헤미안이
고뇌하며 세상을 등지고
창작열에 몰두했던 영혼들이
오밀조밀 하우스로 재탄생되어
세계인을 불러 모으고
금은 발 미녀, 흑인, 백인
다양한 사람들이 자유롭게
모여 살아가는 곳
그들에게 정해진 삶의 방정식은 없었다
허드슨강물같이 차별 없이
소수의 약자도 따뜻이 안아 주는
그리니치빌리지는 자유 그 자체였다

기행시 · 4
– 잠들지 않는 광장, 맨해튼 타임스 스퀘어

잠들지 않는 광장 타임스 스퀘어는
지금 이 시각에도 쉼 없이
에너지를 발산하는
젊음의 거리이자
밤이 더 화려한 도시이다
42번 스트리트와 7번 가
브로드웨이가 만나는 교차로에는
떠밀려 다니는 사람들로 인산인해
차도 인도가 분간이 없는
세계인의 축제장 불야성의 거리이다
어느 방향이든 카메라 셔터만 누르면
화보가 되고 그림이 되는
빌딩 전면이 오색 찬란한 네온 빛
광고 전광판으로 매일매일
타임스 스퀘어는 조각되고 있다
다국적의 사람들이 모여드는
가장 뉴욕적인 거리에서
가장 뉴욕적인 모습으로 이색 분장한
그들과 함께 나도 연극 같은 브로드웨이의
가장 뉴욕다운 사람이 되어 본다

기행시 · 5
– 나이아가라 폭포

떨어지는 모든 것은 아름답다 했는가
이리 호수에서 온타리오 호수로
흐르는 나이아가라강
상류에서 완만하던 유속은
먼 길을 돌아 정점에 이르면 속도를 높여
앞도 뒤도 돌아보지 않고 무지갯빛
물안개 사이로 거침없이 떨어진다
누대에 덕을 쌓은 사람만이
볼 수 있다는 이 장엄한 광경
세계 곳곳에서 모여든 사람들은
물줄기에 환호하고 다시 숙연해지고
한참을 보고 있노라면
나는 구름 위를 나는 새가 된다
수직의 우렁찬 물줄기는
비행 중인 새소리도 사람 소리도
모두 삼켜버리고 머뭇거림 없이 떨어져서는
금세 반짝반짝 평온을 되찾아 가는 물결
가는 곳이 그 어디라도 좋겠다
저 물줄기처럼 용감하게 나아갈 수 있다면

기행시 · 6
– 스페인, 고대도시 톨레도

마드리드 남쪽 황량한 고원지대를 지나자
고풍스러운 황토색 아담한 집들이 보인다
타호강에 둘러싸인 천연요새
이베리아반도의 중심으로 한때 영화를 누렸던
이천 년의 숨결이 흐르는 고대도시 톨레도
요란하지 않으면서 중후한 여인을 만난 듯
내면 깊숙이 풍겨 나오는
아름다움에 잠시 숙연해진다
지난 날 군수산업과 상업이 발달하여
우리나라 고구려 백제 신라 삼국이 건국할 즈음
그들은 수돗물을 사용하고
대중목욕탕에서 입욕을 즐기며
수세식 화장실을 사용하였단다
온고지신을 생각하며 앞만 보고 달려온
우리의 삶과 반추되는 그곳 톨레도에는
산티아고 데 콤포스텔라
순례자들의 걸음이 끊이지 않고
발길 닿는 곳마다 예스러운 매력이 넘치는
고색창연한 골목길에 고대의 바람이 분다

기행시 · 7

– 포르투갈, 대륙의 끝 까보다로까

유라시아 대륙의 끝 까보다로까
육지 끝 바다가 시작되는 곳
저만치 빨간 등대 하나 보인다

바람에 한껏 몸을 낮춘
작은 선인장이 언덕배기를 수놓고
천 길 낭떠러지 절벽 아래에는
시에라네바다 산맥의 만년설 같은
하얀 파도가 포말로 부서진다

바람을 온몸으로 맞고 선
작고 아담한 가게에 들어서니
구수하고 진한 커피 내음이
순수했던 소녀 시절
첫사랑을 떠올리게 하는 이국의
아름다운 풍경을 하현달에 묻는다

아찔한 절벽 위 머플러를 파고드는
끝없는 대서양의 바람
마젤란의 혼령인 듯 사나우면서도
작은 꽃송이처럼 부드러운
호까곶에 또, 바람이 분다

기행시 · 8

– 베트남, 국제 항구도시 호이안

광주리 배 하나로 먹고사는
투본강 마을 사람들은
한국 사람보다 한국노래를 더 잘 부른다
햇볕에 새까맣게 그을려도
비지땀 흘려가며 한국 사람을 위해
묘기 부리고 노래 부른다

해지면 호안을 따라 휘황하게 불 밝히는
그 옛날 해상 실크로드에는
유럽에서 중국에서 일본에서 건너와 살았던
그들의 흔적이 골목골목마다 배어있는
과거와 현재가 공존하는 국제 항구도시 호이안

내원교를 건너면
중국 사람들을 만날 수 있을까
이웃끼리 잘 지내면 너도 좋고 나도 좋고
강물에 투영되는 오색 불빛 아래
흔들리는 목조 어선을 타고
내 작은 소망 하나 띄워 보낸다

기행시 · 9

– 비엔티안 소금 마을 콕사앗

바다를 접하지 않은 라오스에서
소금을 생산한단다
오래전 바다였던 곳이 융기되어 육지로 되면서
지하수를 끌어올리면 소금기 가득한 바닷물이 쏟아져
그 물로 미네랄이 풍부하면서도 짜지 않은 소금을 만든다
가만있어도 땀이 줄줄 흐르는 더운 나라에서
장작불로 물을 끓여 증발시켜 소금을 얻어낸다
오랜 시간 지하에서 자연이 응고되고
다시 지하수에 융합된 암염이다
지하수에 융해된 간수를 끓이므로
간수를 빼는 일도 없다고 한다
가마의 온도를 조절하며
장작을 더 태우거나 숨구멍을 여닫기를 반복한다
지하수를 끌어올려 암염을 생산하는 콕사앗 사람들
광주리에는 해맑은 그들의 미소처럼
하얀 소금이 가득하다

| 해설 |

일상 삶 속 자아반추反芻와 고향으로의 심적 회귀본능
– 박병금의 시세계

박병일 | 시인

박병금 시인은 네 번째 시집 『수직으로 서다』에서 "세상과 소통하고 싶어 한다"며 "내 시의 원천은 유년기의 텃밭이다"라고 말할 만큼 살아온 세월 속 자신의 모습을 반추反芻 해 내며 일상 삶 속에서 고향으로의 심적 회귀본능을 꿈꾸고 있다.

시인은 40년 부산에서 공직 생활을 해오다 퇴임한 지 2여년밖에 되지 않는다. 지난 2005년 월간 ≪문학세계≫로 등단해 2008년 첫 시집 『세상읽기』를 상재한 이후 이번에 네 번째 시집을 내는 내공 있는 시인이다.

시편들은 따뜻하고 진솔한 보통 사람의 인간미가 그대로 살아있는 목소리로 말하고 있다. 시인은 더하지도 빼지도 않은 생활 경험을 통해 개성 있는 삶의 색깔을 착한 심성의 시어로 풀어내고 있다. 그러기에 박병금의 시집 『수직으로 서다』는 세상 거짓 없이 순진한 시편들이라 말해주고 싶다.

> 굽이 흘러내린
> 산행 길을 뒤돌아보면
> 내 지나온 삶같이 굴곡진
> 길이 아스라이 눈에 밟힌다
> 나선형 휘돌아 가는 능선 길
> 나는 스쳐 지나는 바람이었고
> 이름 없는 별이었다
> 가는 길의 끝이 어디쯤인지
> 가늠조차 할 수 없는
> 겹겹 깊은 산줄기
> 순례자의 마음으로
> 또 한 걸음 내디디며
> 바람 편에 보낸 시간을
> 차곡차곡 나이테로
> 지구별의 추억을 쌓는다

- <능선길 걸으며> 전문

〈능선길 걸으며〉에서 시작한 시인의 시는 굴곡과 구비로 살아온 길을 되돌아보는 순례자가 돼 내려놓을 것 내려놓고 받아들일 것 받아들이는 삶을 선택해 하늘의 별이 되는 날까지 정 붙이며 남은 꿈을 엮어내고 싶다는 이 세상과의 밀어를 나눈다. 모든 세상 고뇌와 집착으로부터 해방되는 것이 목표라면 세월 따라가자는, 길 따라 말없이 순종하며 길 걸어가겠다는 달관達觀 경지의 숙성된 삶의 선택이 엿보인다.

      좀처럼 잠 못 드는 늦가을 밤
      꽃 그림 찻잔을 내려놓고
      커피포트에 전원을 꽂는다
      쏴-아, 먼 데서 들려오는 달음박질 소리
      억새꽃 하얀 물결 사이로
      파란 하늘이 조각으로 내려앉는다
      도시에서 온 백옥 같던 그 아이
      뻘때추니 함께 구릉 잔디를
      데굴데굴 한 번씩 구를 때마다
      털스웨터 온통 검부러기 뒤집어쓰고도
      마냥 즐거웠던 눈이 맑은 그 아이
      이사 가던 날
      뒷산 억새꽃 하얀 울음 밤새 울었다
      창틈으로 휘둥그런 보름달이
      찻잔에 내려앉으면
      부드러운 커피 향에 유체 이탈한 듯
      왼데 떠다니는 지금 그 아이 생각난다

                                – <늦가을 밤> 전문

늦은 밤 차 한 잔을 마시며 그 아이를 생각하니 그 아이 이사 가던 날 울었던 생각이 났나 보다. 60~70년 배

경으로 돌아간 그때 시골에 살고 있던 시인으로서는 도시에서 온 아이가 남달리 얼굴 뽀얗게 잘 생겨 보였을 것이 틀림없다. 바깥세상과 도시라는 곳에 대한 동경심이 있을 나이인 그때 그 도시에서 시골로 잠시 이사 온 아이에게 꽂히면서 시인은 그 아이와 친해지고 싶어 마음 설레기도 했을 것이라 짐작이 된다.

> 마당 구석진 곳 삽자루 하나 닳아 허물어진 손잡이에서 어머니의 시간이 보인다 일찌감치 홀로 되신 당신께 딸 셋은 혹이었을까 버팀목이었을까 해종일 논일로 하루해를 보낼 때 집에 남은 어린 세 자매는 가사를 분담하며 어머니를 기다렸지 큰언니는 밥하고 작은 언니는 쇠죽 끓이고 어린 나는 대청마루 걸레질하였지 해 지고 꼬리 긴 어둠 따라 샛별이 내려도 어미 소 음매 음매 배고프다 울어대도 여리고 아픈 초승달이 떠올라도 어머니는 오시지 않고 시간은 길기만 하였지 해질녘이면 지금도 그리운 내 유년의 아린 나이테 하나
>
> – <해질녘에 그리운> 전문

시인은 유년 시절 가정사 한 단면을 이야기하고 있다.
마당 구석진 곳 삽자루 하나에서 어머니의 삶을 보게 된다.
일찍이 홀로되셔 딸 셋을 키우시느라 애쓰신 어머니

가 유년의 추억 속에서 오버랩 된다. 딸 셋에서 각자 분담해 밥하고 쇠죽 끓이고 대청마루 걸레질 해놓고 초승달이 떠도록 기다렸던 어머니가 아마도 딸 셋을 키우기 위한 돈을 벌기 위해 밤늦도록 집에 돌아오시지 않자 딸들은 걱정돼 기다리고 있다.

 사람들 대부분이 추억을 가지며 살아가고 있듯이 시인도 자신의 가난했던 유년의 추억을 그리움으로 담아두고 싶어 하고 있다.

> 돌아보면 무수한 별처럼
> 가슴속 침잠해 있는 작은 파편들
> 먼 산 뻐꾸기 울면
> 마음 저 깊은 유년의 언덕
> 흑백필름 선명한 기억은
> 나를 지탱해 온 온전한 힘 이었다
> 모깃불 연기 자욱한 마당
> 쇠죽 끓여 어미 소 먹인 뒤
> 도란도란 멍석에 앉아
> 꽁보리밥에 멀건 된장 국물
> 푸짐하게 가난을 먹어도
> 그것이 가난인 줄 모르고
> 세상 다 내 것인 양
> 반딧불이 쫓아다니던
> 한여름 밤 유년의 일상
> 그때의 아름다웠던 추억이

문득문득 썰물처럼 밀려와
지금 몹시도 그립다

- <회억> 전문

  시 <회억>으로 이어진 시인은 마음의 고향을 찾고 싶어 하고 있다.
  이러한 마음의 고향 찾기는 지금껏 삶의 지주가 되어 주신 노모에 대한 말 없는 효심으로 잔잔히 그려지면서 <연어는 물살 거슬러 고향으로 간다지>라는 시편에서 나타난다.

연어는 생을 마감할 즈음
고향으로 돌아간다지
그 길이 다시는 돌아올 수 없는
험난한 길이란 걸 알면서도
두려움 없이 꿋꿋하게
세찬 물살을 거슬러 올라간다지
생의 마지막 순간까지
사력을 다하는 연어
어머니 오른쪽 볼에
피부 신생 종양 진단받고
자식들 안달복달하여도
그저 무덤덤하게 일상을 유지하며
"나는 아무치도 않다. 살 만치 살았으니,
나는 아무치도 않다"시며

텃밭 가을배추 더 살뜰히 보살피신다

― <연어는 물살 거슬러 고향으로 간다지> 전문

'어머니', '고향'이라는 말은 듣기만 해도 그리움을 주기도 하는 말이다.

시인의 시에는 어머니와 고향이라는 정신적 의미의 뿌리가 깊이 박혀 있다.

과거 유년 시절의 고향은 추억이 되고 시인의 과거라는 필름으로 남아있다. 시인은 급변하는 도시화를 거치는 공직 생활로 바쁘게 살아오다 보니 잠시 고향이라는 단어를 잃어버렸다. 돌아보니 각박하고 냉정한 도시 생활과 쏟아지는 정보, 등을 감당해야 하는 자신의 대비가 부자연스러웠다고 느끼게 된다. 그래서 시인은 현실 삶 속에서 마음으로의 귀향, 심적 상태를 보여주면서 시편 속 곳곳에 어머니를 고향으로 존재케 하게한다. 어머니를 통해 고향이라는 심적 구심점을 찾으며 자신의 기억 속 유년을 돋보기로 보고 있는 것이다.

> 엊저녁 늦게
> 칫솔질을 하다가
> 거의 소진되어 홀쭉해진
> 치약을 밀쳐두고
> 새것으로 꺼내놓았다
> 다음날,

> 아들은 어김없이 새 치약
> 한가운데를 꾹 눌러 사용했고
> 노모께서는 옆에 밀쳐둔
> 치약 튜브를 끝에서부터 자근자근
> 눌러가며 사용하고도 남았다
> 얼마 남지 않은 생을 다루듯
> 남김없이 꼭꼭 짜내는 할머니
> 아직 창창한 세월의 깊이를 가늠하듯
> 중간을 푹푹 눌러 쓰는 아들
> 페퍼민트 부드러운 잎사귀가 그려진
> 새 튜브에 선뜻 손이 먼저 가는
> 나는 아직 유생 기를 벗어나지 못해
> 매일 아침 세수를 하며
> 지금도 탈피 중인가 보다
>
>   - <세수를 하며> 전문

 시인의 시적 창작 사고의 발견이 예리한 눈으로 칫솔질을 하다가 멈추게 된다. 〈세수를 하며〉 읽다 보면 치약을 두고 각기 다른 치약 사용법을 하고 있다는 것을 알게 된다. 노모와 손자는 서로 다른 세대를 살면서 가져온 생활 습관이자 경험적 연륜을 보이고 있다. 중간 입장에 놓인 시인의 역할은 어느 쪽도 아닌 그저 바라보고 있는 상태임이 짐작된다. 노모에게 얼마 남지 않은 세상 살면서 예전처럼 근검절약해 가면서 덜 입고 덜 먹고 살아가실 거냐고 말씀드리기도 그렇고 그렇다고 아들에게 있을 때 소중함을 알고 아껴가면서 사는 법도 배워야 한다고 꾸지람 주기도 곤란한 상황 같다.

　이처럼 사람들의 사고방식 또한 세월, 세태와 함께 빠르게 변화하고 진행되고 있다는 점을 시인도 알고 있기 때문이다. 그러면서도 시인은 치약 짜내는 방법을 보면서 노모의 얼마 남지 않은 생에 대해서는 안쓰럽게 생각하는 효심을 보여주고 있다. 자꾸만 핵가족 시대로 변해간다는 요즘에 시인의 가정처럼 3대가 같이 사는 화목한 가정 분위기가 보기 좋다.

　　　지난 연말
　　　긴 공직 생활에서 퇴임했다
　　　쇠사슬에 묶인 코끼리처럼
　　　시간에 포위된 채
　　　바깥세상 모르고 살다가
　　　자유인이 된다고 생각하니
　　　이른 봄 흙을 뚫고 돋아나는 새순처럼
　　　두려움과 설렘 가득
　　　나만의 새로운 길을 탐색 중이다
　　　공무원 출신이라며 가는 모임마다
　　　특급 환대 아닌 환대를 받고 있지만
　　　돌림병이 내 코앞에 버티고 있으니
　　　새처럼 가벼워지고픈 마음
　　　속절없이 무너지고
　　　수십 년 몸에 밴 생활은

그토록 원하던 자유를 얻었건만
아직 실감하지 못하고
아침 눈을 뜰 때마다
휴일인가 하는 착각 속에 살고 있다

— <퇴임 이후> 전문

 수십 년 몸에 밴 공직 생활을 그만둔 현재 그토록 원하던 자유인인 듯 갑자기 많은 생각이 쏟아지는 약간의 허허로움을 느낄 수 있다. 그래서 시인은 퇴직 후 남은 생의 지도를 펼쳐두고 하심행下心行을 기원하며 깊은 밤 앞으로 살아갈 방법에 대해 현실적 고민에 빠져 있는지도 모르겠다.
 내심 솔직한 표현 방법이라 생각한다.

밤이 깊을수록
생각은 꼬리에 꼬리를 물고
열두 구비 고개를 넘는다
자식 걱정 돈 걱정
노후 걱정 건강 걱정
버려야 하는데
놓아야 하는데
그래서 자유로워지고 싶은데
어쩌자고 이리도
머릿속은 온통 번뇌로 가득한 지
아프다 아프다 하면서도

무겁다 무겁다 하면서도
쉬이 놓지 못하는 욕심 덩이
보이지 않는 깨우침의
설법 찾아 하심행下心行이다

- <고苦> 전문

고집스레
2G 폴더 폰만 사용하던 남편이
서비스 중단으로 어쩔 수 없이
스마트 폰으로 교체했다
카카오 앱을 설치하고 밴드도 설치하고
가족 모임 단체 톡방에도 초대됐다
시시때때로 울리는 '카톡' '카톡' 소리에
처음에는 신기한 듯 손에 쥐고
바로바로 열어보곤 하더니
몇 개월 지난 지금 소음이 되어
"와 자꾸 내 한 테만 '카톡' '카톡' 보내노" 한다
무음 수신법은 아직 모르나보다

- <남편의 전화기> 전문

부부간의 정이 두텁기에 이러한 시가 나온다.
/"와 자꾸 내 한 테만 '카톡' '카톡' 보내노" 한다
무음 수신법은 아직 모르나보다/
평소 무뚝뚝하던 남편에게 말을 걸어 볼 나이가 됐는

지 막상 돌아보니 쓸쓸하고 외로움에 기대고 의지할 곳은 그래도 남편뿐이라 생각하는 듯하다. 사랑보다는 정으로 산다는 나이가 됐다고 말들 하지만 화자는 남편을 연애 시절로 되돌리고 싶어 장난과 애교를 부리는 마음으로 살고자 한다. 부부간의 정이 새록새록 묻어나는 시편을 읽기에 즐겁다.

> 화산재 속 도시 폼페이가
> 침묵을 깨고 세상에 모습을 드러내었듯이
> 거대한 문명의 소용돌이에 묻혀 있던
> 가덕도 최남단 외양포 마을
> 한 세기가 지난 지금도
> 비늘 판벽 함석집 적산가옥 그대로
> 시간은 정지된 체
> 누운 파도 기와지붕에서 졸고 있고
> 햇살은 눈썹지붕 창틈을 맴돈다
> 아스팔트 도로가 사라진 뱃길을 대신
> 외지인의 발길은 늘고 있지만
> 전쟁 통에 빼앗겨 버린 삶터
> 다시 돌아왔으나 내 집 아닌
> 적산가옥에서 애끓는 상처를 안고
> 우물 깊은 그림자로
> 살아가야 하는 외양포 사람들
> 한 떼기라도 좋으니
> 내 이름으로 된 내 땅을 갖고 싶다고

어쩌랴, 곧 공항이 들어선다는데

- <외양포> 전문

시집에서 시인은 사회 약자의 편에 서서 공직 시절 공직자로서의 참 일면을 보여준다. 시인이 공직 시절에 만났던 외양포 사람들의 이야기다. 소외받는 사람들과 약자의 편에서 목소리를 대신하며 사회 정의를 바로 세우려 했던 노력이 보인다.

이러한 형태의 시는 〈개발제한구역〉에서도 친구 숙이를 통해 도시에 비해 문화 혜택을 적게 받는 지역의 소외감을 중앙 정부를 향해 일갈―喝하고 있다.

내 친구 숙이는 낙동강 변에서 대대로 농사를 지으며 살아왔다
온 벌판이 놀이터이자 생활 터전이었던 그 시절
학교에 갓 입학하여 글을 배우기 시작하면서
주변 곳곳에 널린 하얀 말뚝 팻말을 조금씩 읽어 내려갔다
"개발제한구역이 뭐지?"
"글쎄 개 발 제한 구역인가 보다"
개가 발을 디디면 안 되는 곳으로 알았단다
어느 누군가에게는 이상적인 전원도시가
어느 누군가에게는 반세기 동안
햇빛 한 번 제대로 보지 못한

오지 산골 같은 문화의 불모지로 살아왔다

— <개발제한구역> 전문

이렇듯 시인은 공직 생활을 하면서 시인이 가지는 특유의 관찰력으로 공직 사회 모습을 있는 그대로 솔직하고도 강한 시어로 풀어냈다.

옥빛 바다에
짙푸른 구름 덩이가 움직인다
드디어 숭어 떼가
길목에 미리 쳐둔 그물 안으로
들어 왔나보다
순간, 어로장 고 씨의 눈빛이
혜성처럼 빛난다
"밖 목선 준비하고!"
"안목선 그물 조지라!" 호령하면
안 잔등, 밖 잔등, 밖 귀잡이, 안 귀잡이가
구령에 따라 동시에 그물을 들어 올린다
파닥파닥 은빛 숭어 떼가
하늘 높은 줄 모르고 막 뛰어오른다
만선의 기쁨은
마을 사람들의 자칫 날이기도 했다
160여 년 전통 이어가는 가덕도 숭어들이
비록 오늘 허탕이어도
내일이란 기다림이 있는 선물

>   오늘도 고 씨는 새벽녘 망루에 올라
>   언제 올지 모르는 숭어 떼를 기다리고 있다
>
>   – <숭어들이> 전문

　사투리가 섞인 <숭어들이>에서는 어로장 고씨와 안 잔등, 밖 잔등, 밖 귀잡이, 안 귀잡이가 등장한다. 작업 질서 속에서 구령에 따라 동시에 그물을 들어 올린다. 현대 사회라는 질서 속에 조직 인격체 간 계급이 있다는 것이 분명 보인다.

　그러나 시인은 이 시편에서 지위고하를 따지고 논하기 전에 숭어 떼를 기다리는 모두의 희망과 질서를 표현했다. 비록 오늘은 허탕이지만 내일의 숭어 만선을 위해 어울려 사는 사람들의 모습을 이야기하고 있다.

　공직 생활을 무사히 마친 후 새로운 일상을 접하며 얻은 또 다른 생활 화두를 발견한 셈이다. 서로 소통하는 인간관계 형성이 절실하다는 무언의 암시를 시인은 시를 통해 사회에 메시지로 던지고 있다.

>   별똥별 성호를 그으며
>   고요를 가르는 야심한 밤
>   저 멀리 뒤뚱뒤뚱 지축을 흔들며
>   수직이 무너지는 한 남자 다가온다
>   아파트 화단 주변 꽃과 나무까지
>   바짝 긴장하며 시선이 집중되는데

      현관 앞에서 흔들흔들 한참을 머뭇거린다
      허공중을 맴도는 손가락
      다시 한번 누르세요
      다시 한번 누르세요
      문은 열리지 않고 기계음 반복된다
      어디서 어떤 사람들과 주거니 받거니
      어지러운 세상을 평정하고 왔는지
      못다 한 대화 결론 없는 이야기에
      배터리가 소진되었나
      기억의 감각 센서가 오작동인가
      다시 한 번 땅을 밟고 수직의 힘으로
      두 다리 곧추세우더니
      현관 센서 불빛이 환하다

                  - <수직으로 서다> 전문

  <수직으로 서다>에서 시인은 술에 취한 한 남자가 자신의 집을 들어가기 위해 안간힘을 쓰는 모습을 지켜본 것이다. 현관 센서 불빛이 환해지면서 다행히 집으로 들어가기 전까지 유심히 지켜 본 것 같다.
  /어지러운 세상을 평정하고 왔는지? /라고 남자의 하루를 궁금해한다.
  시인은 <수직으로 서다>에서 세상의 사람들을 시인의 마음으로 따뜻하고 착하게 바라보고 있다. 오늘 남자가 저렇듯 술에 취하도록 만만찮은 세상을 살기 위해

노력했다는 측은지심에 앞서 환하게 열릴 내일을 위해 위로와 응원을 보내고 싶다는 세상 이웃으로서 따뜻한 마음을 조용히 전하고 있다.

지금까지 박병금 시인의 시집『수직으로 서다』를 살펴보면 '자연'과 '사회 일상'에서 느낀 감정의 소재를 시인의 삶의 길에다 잘 간추려 시상詩想으로 표현하고 있다는 특징이 있다.
첫째, 자연친화적 삶의 관조가 있다.
둘째, 고향 회귀본능의 추억이라는 과거가 있다.
셋째, 일상과 가족이라는 세상 삶 속 시인 자신만의 특별한 거울을 갖고 있다는 점이다. 암튼 독자들에게 쉽게 많이 읽히고 좋은 평가를 받는 시라면 무조건 좋은 것이다. 그런 의미에서 박병금 시인의 시는 좋은 시의 예가 틀림없으리라 본다. 시집『수직으로 서다』를 읽다보면 시인은 바쁘게 살아 온 지난날을 되돌아보면서 미처 살피지 못해 놓쳐버렸던 자신의 자아自我찾기에 나섰다는 것을 알 수 있다.